NOTICE

SUR LA NOUVELLE

CARTE D'ESPAGNE,

JOINTE A CET OUVRAGE

Par M. BORY DE St.-VINCENT,

L'UN DES OFFICIERS SUPÉRIEURS ANCIENNEMENT ATTACHÉS
AU DÉPÔT DE LA GUERRE, AIDE-DE-CAMP DU DUC DE
DALMATIE DURANT LA GUERRE DE 1808 A 1813, COR-
RESPONDANT DE L'ACADÉMIE DES SCIENCES, ETC.

I

NOTICE

SUR LA NOUVELLE

CARTE D'ESPAGNE.

« A**VANT** d'écrire sur des opérations militaires et sur
« des combats dont ma position m'avait mis à portée
« de juger, je crois devoir en décrire le théâtre, disais-
«je dans un de mes ouvrages (1). Il m'a toujours
« semblé que les fausses idées que l'on puise trop
« souvent dans l'histoire sur les batailles et leur ré-
« sultat, viennent de ce qu'avant de les raconter, on
« ne s'étend pas assez sur ce qu'on pourrait appeler
« les décorations du drame. Pour se faire une idée
« bien juste des combats de bêtes féroces et des gla-
« diateurs de l'antiquité, ne faut-il pas connaître ce
« qu'était le cirque ? » Cette idée était l'une de celles

---

(1) Guide du voyageur en Espagne. Dédicace à **M.** Ar-
nault, page 2.

que je devais au général Mathieu-Dumas, sous lequel j'entrai dans la carrière des états-majors, et à qui j'avais souvent entendu dire que, pour lire fructueusement la relation d'une campagne, il faut suivre sur le terrain ou sur la carte les opérations qui la signalèrent. En effet, l'inspection des lieux et l'appréciation matérielle de leurs rapports et de leurs distances peut seule rendre raison d'une multitude de choses que ne graverait point dans l'esprit leur aride nomenclature. C'est par suite de cette façon de voir que MM. les éditeurs de cet abrégé de l'histoire d'Espagne m'ont engagé à rédiger une carte de la péninsule ibérique.

Cette carte devenait d'autant plus nécessaire ici que, si la route de Bayonne à Madrid, avec quelques villes maritimes, sont chez nos voisins des points géographiques assez bien connus, en général le reste du pays ne l'a jamais été guère plus exactement que l'intérieur de la Chine, où la route de Canton à Pékin a seule été passablement décrite par les premiers missionnaires qui purent pénétrer dans ce stationnaire empire.

Isidore Autillon, auteur espagnol d'un traité géographique tout-à-fait élémentaire et trop concis, mais dans lequel on prend une idée assez exacte du pays, avait raison de dire que, si l'on en excepte le voyage de Bourgoing, où l'on trouve de très-bonnes choses, encore qu'il renferme plus d'une erreur, il n'a pu rien tirer des divers livres de voyage et de géographie publiés dans le reste de l'Europe. « Les Anglais

« surtout, ajoute-t-il, les Français, les Italiens et
« les Allemands parlent de l'Espagne comme ils le
« feraient de quelque pays de l'intérieur de l'Afrique;
« et je ne sais si c'est une fatalité plus grande pour
« eux que pour nous, que les voyageurs modernes co-
« pient et augmentent encore les erreurs anciennes.
« Si l'on veut une preuve nouvelle de cette vérité,
« qu'on lise l'ouvrage publié à Londres en 1808, et inti-
« tulé *Statical and geografical survei of Spain and Por-*
« *tugal*, *etc.* Il ne contient que des données vulgaires et
« les plus grossières erreurs (*crasisimos errores*). Il
« est surtout fâcheux que tant d'écrivains français, si
« voisins de notre royaume et si étroitement unis avec
« nous par les liens de la politique et du négoce, per-
« pétuent dans des œuvres, du reste fort estimables
« sous d'autres rapports, les *équivocations* les plus dé-
« menties, et défigurent de la manière la plus étrange
« nos coutumes, nos usages, notre situation politique,
« l'état et les progrès des sciences parmi nous, et
« presque la nomenclature des lieux et la topographie
« physique. »

Cette topographie physique particulièrement, et
tout ce qui tient à la géographie, avait été étrange-
ment dénaturé. Travaillant continuellement sur les
mêmes matériaux, les faiseurs et contrefacteurs de
cartes n'avaient, depuis l'époque où Lopez publia ses
feuilles, que copié servilement celui-ci; et comme
copier est beaucoup plus facile que corriger, on voit,
même encore après les trois guerres de notre temps,

dans lesquelles tant d'officiers ont recueilli une multitude de matériaux précieux pour la rectification
d'une immense quantité d'erreurs, ces mêmes erreurs
se reproduire fidèlement sur toutes les cartes qu'on
publie encore aujourd'hui. La crédulité parisienne est
tous les jours amorcée par les titres retouchés de
vieilles images qualifiées de cartes nouvelles d'Espagne
d'après Lopez; prétendues nouveautés, où sont con-
servées les fautes les plus choquantes pour tout mi-
litaire qui, ayant fait la guerre dans la péninsule, s'y
est trouvé à portée de juger combien de lieux im-
portants, de rivières, et surtout de montagnes, n'y
sont pas à leur véritable place, y sont omis ou même
imaginés. Un dessinateur qui fait graver de fort jolies
cartes, M. Brué, a cependant corrigé dans une petite
feuille mise en vente naguère, quelques-unes de ces
erreurs d'après nos avis et un dessin que nous lui
avions communiqué; il a seulement oublié de men-
tionner l'autorité sur laquelle il introduisait des chan-
gements d'une certaine importance; et comme la ga-
rantie de son nom n'a sans doute pas paru suffisante
à d'autres spéculateurs pour établir l'authenticité de
ces innovations, ceux-ci n'en tenant nul compte, ont
continué depuis à reproduire des fautes énormes con-
sacrées par l'habitude.

Il était donc essentiel pour l'intelligence de l'histoire de la péninsule et des guerres nombreuses dont
elle fut le théâtre d'en donner un nouveau figuré.
Nous l'avions tenté dans deux feuilles, où nous fûmes

contraints, à cause du format d'un volume in-8°, auquel nous les avions attachées, de nous restreindre à une trop petite échelle. Pour éviter toute confusion, et comprendre dans le cadre étroit où nous étions renfermés un nombre de noms de lieux approprié à l'usage de notre livre, nous fîmes de l'une des cartes un tableau physique où les noms de fleuves, de rivières et de montagnes eurent seuls accès, et de l'autre, un tableau politique que remplissaient exclusivement les villes, les bourgs, les villages, les routes et les divisions de provinces. Cette idée nous a mérité d'honorables éloges ; mais nous n'en reconnaissons pas moins qu'assez heureuse en apparence, le résultat en a été trop incommode, et pour répondre à l'invitation qui nous a été faite nous sommes revenus au système généralement adopté dans les rédactions ordinaires. Cette carte est donc établie sur une échelle plus grande que nos cartes physiques et politiques qui se trouvent ainsi confondues en une seule. Comme celle-ci ne ressemblera guère aux cartes qu'on a publiées jusqu'à ce jour, nous devons compte aux personnes qui prendront la peine de la consulter, des données sur lesquelles nous l'avons construite.

Les matériaux pour exécuter une bonne carte d'Espagne existent aujourd'hui. Premièrement, les côtes ont été relevées avec un grand soin par l'amiral don Vicente Tofiño, auteur d'un atlas maritime qui ne laisse rien à désirer sous les rapports de l'exactitude et de l'exécution. Ce magnifique travail fait le plus

grand honneur au corps de l'ancienne marine espagnole, ainsi qu'aux artistes de Madrid. Le précieux
atlas de Tofiño procure un cadre excellent. A l'exemple de M. Lapie, géographe habile et fort exact, auquel on doit une petite carte d'Espagne qui laisserait
peu à désirer si les montagnes y eussent été tracées sur
de meilleurs renseignements ; à l'exemple de M. Lapie,
nous nous sommes rigoureusement renfermés dans
les limites que trace l'illustre marin espagnol.

Il existe en outre un grand nombre de points dé-
terminés astronomiquement dans l'intérieur du pays,
soit par des savants français, soit par des indigènes,
entre lesquels nous citerons le respectable amiral
Mazarredo. Celui-ci nous honorant d'une extrême
amitié, nous fit l'inappréciable don d'une liste où se
trouvaient soixante et dix positions calculées par lui-
même. Ces positions déterminaient les rapports de la
côte de Santander, du département du Férol, et de
celui de Carthagène avec Madrid.

Au dépôt de la guerre, avec les plans exacts des
grandes routes royales ordonnées par M. de Florida-
Blanca ; quelques triangulations faites par ordre du
gouvernement espagnol sous Charles III et IV ; des
cartes manuscrites d'étapes d'une exactitude minu-
tieuse, où les distances par heure de marche du moin-
dre lieu à un autre sont soigneusement notées ; une
innombrable quantité de reconnaissances parfaitement
bien faites par nos officiers d'état-major, du génie, et
surtout par le corps si instruit des ingénieurs-géo-

graphes, fournissent les moyens de remplir convenablement les espaces contenus entre les éléments rigoureux d'un fort bon cannevas. Tels étaient les matériaux à l'aide desquels nous avions travaillé à plus grand point pour l'usage de notre histoire inédite d'une guerre où nous fûmes fort activement employés, et dont la carte que voici est une réduction suffisante pour le moment.

La guerre qui vient de se terminer avec une rapidité miraculeuse, et qui prouve, s'il est permis d'employer cette expression, *l'invincibilité* des troupes françaises, aura, malgré sa courte durée, complété les lacunes qui devaient rester dans les matériaux du dépôt; cet utile établissement pourra enfin publier sur une partie de l'Europe trop long-temps mal connue un travail digne de lui, et surtout de la gloire que la France acquit de l'autre côté des Pyrénées, même lorsqu'un succès complet n'y couronna pas ses guerriers. Le major-général, en même temps directeur du dépôt, que ses goûts portent vers les sciences géographiques, dans lesquelles on cite l'étendue de ses connaissances, aura probablement fait reconnaître ce qui n'avait pas été reconnu, et vérifier ce qui avait besoin de l'être. L'expédition d'Égypte, dont l'issue ne fut pas aussi heureuse, aura été à jamais illustrée par la magnifique carte que nous devons au colonel Jacotin. Pourquoi l'expédition d'Espagne, où l'on atteignit avec un si incroyable bonheur le but qu'on s'était proposé, ne laisserait-elle pas aussi un monument indépendant des opinions du moment, et des suites possibles que peuvent avoir toutes les choses humaines, quel que soit l'éclat qu'elles aient jeté d'abord?.

Nous avons dû signaler l'imperfection des cartes de Lopez, et dire combien peu méritent de confiance celles qu'on dit être dressées d'après cet auteur. Mais il serait injuste de contester au géographe espagnol le mérite réel d'avoir le premier conçu et exécuté le vaste plan d'un atlas de son pays. Tout défectueux que furent ses travaux dans leur plus grande partie, on doit concevoir une haute opinion de la sagacité d'un homme qui ne touchant aucun secours de son gouvernement, apprit à celui-ci où se trouvaient tant de lieux sur lesquels s'étendait son insouciante puissance. Quelques feuilles de Lopez sont même excellentes; entre autres, celle qui représente l'archevêché de Tolède. Nous avons donc aussi consulté cet auteur, dont on doit scupuleusement suivre l'orthographe toujours certaine, et qui, s'il indique, communément hors de leur véritable situation, jusqu'aux dernières auberges, aux plus solitaires ermitages, aux ruines de villages dès long-temps dépeuplés, ou aux moindres ponts des plus petits cours d'eau, donne au moins par l'indication même fautive de toutes ces choses le moyen de les retrouver pour les reporter à leur véritable place.

On n'a point omis sur notre carte un seul des noms de lieux dont il sera question dans les trois volumes qu'elle accompagne; les masses des montagnes y sont à leur place, et l'on ne sera pas exposé à y trouver des plaines où sont d'imposants sommets, ni de cordelières où s'étendent de vastes plaines. Cette dernière rectification était d'autant plus essentielle, que la constitution physique de l'Espàgne a prodigieusement influé sur son histoire, et rend raison d'un grand nombre des singularités qui particularisent celle-ci ; nous essaierons de démontrer cette assertion par les notions suivantes, qui nous paraissent être non moins bien placées à la suite de ces volumes que la carte à laquelle nous les joignons.

La péninsule, qui primitivement a fait partie de l'Afrique, ainsi que nous l'avons prouvé autre part, était, en ce temps reculé, séparée de l'Europe par un large bras de mer ; ce bras de mer unissait vers le nord-ouest la Méditerranée à l'Océan ; toutes les preuves tirées de la géologie s'accumulent pour démontrer son antique existence ; on en retrouve les traces dans le bassin de la Garonne et dans la prolongation de ce bassin, dont l'habile Riquet sut profiter pour réunir de nouveau les deux mers. La nature du terrain des provinces aquitaniques de la France, et son peu d'élévation au-dessus des flots, confirment cette assertion. Le détroit de Gibraltar n'existait point alors ; et c'est une chose connue des savants, que ce détroit s'ouvrit de mémoire d'homme. Les peuples de la race atlantique vinrent donc avant tous les autres peupler le prolongement septentrional et occidental de leur terre africaine. De là ce caractère national particulier chez les Espagnols ; caractère qui conserva toujours quelque chose du sang primitif, qui s'accommoda toujours avec assez de facilité des dominateurs venus du même berceau méridional, et qui résista opiniâtrément en plusieurs circonstances aux conquérants descendus du septentrion.

Plus tard, quand le détroit de Gibraltar s'étant ouvert par l'effet de quelque grande révolution physique consacrée dans ces traditions mythologiques, qui mirent un effort de la nature au nombre des travaux d'Hercule, la Méditerranée se précipitant par l'issue nouvelle en diminuant de hauteur, et l'Afrique cédant en quelque sorte, par ce mémorable événement, l'Espagne à l'Europe, les pentes du nord des Pyrénées devinrent l'isthme de communication entre un fragment des contreforts atlantiques et la partie du monde à laquelle ce vaste débris venait s'incorporer. C'est après ce déchirement, dont le souvenir n'a jamais été complètement effacé, que les Celtes, pénétrant dans une nouvelle terre, le long des côtes occidentales qu'ils peuplaient de tout temps, vinrent occuper les parties tempérées de cette terre, et s'unissant à ses plus anciens habitants dans les points de contact qui ne tardèrent pas à s'établir, formèrent, par le mélange du sang africain et du sang d'Europe, la race long-temps célèbre sous le nom de celtibérienne; race mixte, qui ne fut point, ainsi qu'on l'a cru communément et qu'on l'a répété sans réflexion, la souche primitive des Espagnols, mais déja une modification des Aborigènes.

Sept systèmes principaux de montagnes forment la

charpente de la péninsule. Le Pyrénaïque, qui s'étend de l'est à l'ouest, dans une ligne assez régulière, depuis l'extrémité orientale de la Catalogne jusqu'à la pointe occidentale de la Galice. L'Ibérique, qui des bords méridionaux de l'Èbre supérieur serpente et s'étend en se ramifiant du nord-ouest au sud-est presque vers les confins des royaumes de Valence et de Murcie. Le Carpétano-vettonique, qui, courant du nord-est à l'ouest-sud-ouest, sépare les deux Castilles, et pénètre en Portugal. Le Lusitanique, qui, s'élevant des plaines de la Manche, traverse l'Estramadure, et va se perdre en Portugal comme le précédent. Le Cunéïque, restreint au petit pays des Algarves. Le Marianique ou Sierra Moréna, qui, ayant autrefois limité vers le nord l'heureuse Bétique, sépare encore les Andalousies du reste de l'Espagne; enfin le Bétique, contre-fort primitif du mont Atlas, aux racines duquel l'unissaient les rochers que disjoignirent l'Océan et la Méditerranée pour marier leurs flots par un nouveau détroit. Ce dernier système, dans l'étendue duquel se trouvent les cimes les plus élevées de la péninsule, l'emporte encore sur nos Pyrénées sourcilleuses: vers une latitude déja brûlante, la neige ne s'y fond jamais; et de là ce nom de *Sierra Nevada*, donné dans le pays aux montagnes de Grenade qui sont les points culminants du système bétique.

Après cette *Sierra Nevada*, la Sierranie de Ronda, d'où dépend Gibraltar, et qui est elle-même une dépendance occidentale du système bétique; la *Sierra Sagra*, où la neige se conserve pendant huit et dix mois, aux confins des pays de Murcie et de Grenade ; la *Sierra de Gredos*, entre l'Estramadure et la province d'Avila , sur laquelle on cite un petit glacier ; la chaîne supérieure du Guadarrama, où, non loin de la maison royale de Saint-Ildephonse, la neige ne fond pas durant tous les étés ; les *Sierra d'Oca* et de *Moncayo*, à l'extrémité septentrionale du système ibérique ; les monts des Asturies, dans la partie occidentale du système pyrénaïque ; les *Sierra Secondeira* et de *Trevinca*, à l'extrémité méridionale de ce même système, que coupe le Sil, non loin de ces montagnes ; après la *Sierra Nevada*, avonsnous dit, tout ces points sont les plus élevés.

Les *Sierra d'Estrella*, en Portugal, de Gata et de Francia en Estramadure, appartenant au même système que Grédos ; les *Sierra d'Albaracin* et de *Cuenca*, au centre des chaînes ibériques ; les montagnes de Tolède et de Guadalupe dans le système lusitanique, et généralement toute la Sierra Moréna, sont les secondes en hauteur des montagnes de la péninsule.

Outre cette charpente solide qui fait de l'Espagne et du Portugal des contrées extrêmement coupées et anfractueuses, on trouve dans la péninsule des steppes excessivement élevées, et qui, avec l'aspect de plaines sans limite, servent comme d'asyle aux nuages et aux frimats, à qui ces lieux de désolation doivent sous un parallèle ardent, l'austère température des régions du Nord. Ces vastes et monotones plateaux ont un aspect de tristesse qui contraste avec la physionomie riante des vallons fertiles qu'on admire dans leurs profondeurs même ainsi qu'aux racines des montagnes. En certaines parties des flancs déchirés de celles-ci, au milieu des rocs sourcilleux suspendus sur la tête du voyageur en mille parties de l'Espagne, on admire la fraîcheur du paysage et la verdure éternelle qui pare jusqu'aux pierres. Au contraire, sur les plaines qui s'étendent dans les hautes régions de l'air, et sur lesquelles rien ne rappelle cependant l'idée de montagne, tout est aride, sauvage et sinistre; la nature appauvrie ne produit ici que d'humbles buissons couchés contre un sol dépouillé; elle semble y avoir voulu constituer le désert.

Des montagnes que nous avons indiquées, et des plateaux qui s'élèvent dans leurs distances, découlent cinq fleuves principaux : l'Èbre, qui tombe dans la Méditerranée et qui coupe l'Aragon en deux parties égales; le Guadalquivir, qui arrose l'Andalousie; le Guadiana et le Duèro, qui, après avoir baigné les Castilles, l'Estramadure et l'ancien royaume de Léon, traversent le Portugal; enfin, le Miño, dont l'ancienne Galice forme à peu près le bassin. Outre ces fleuves principaux, on en trouve au pourtour de la péninsule de moins considérables, qui portant l'abondance dans les vallées dont ils arrosent la profondeur, tombent, soit dans la Méditerranée, soit dans l'Océan. Tels sont la Fluvia, le Ter et la Lobregat en Catalogne; la Turia et le Xuxar à travers le royaume de Valence; la Ségura, seul fleuve du royaume de Murcie; les Rio

d'Alméria , de Motril, Guadaljore et Guadiaro , dans la
partie de l'Andalousie que battent les flots méditerra-
néens; le Guadalète et le Rio Tinto dans les parties occidentales des mêmes provinces du côté de l'Océan; le
Caldao, le Mondégo et la Vouga en Portugal; les Rio
Ula et Tambre en Galice; L'Eo, la Navia, la Pravia, la
Déba, les rivières de Santander et de Bilbao ; enfin
la Bidassoa dans le golfe de Biscaye. Cette dernière ,
qui n'est qu'un gros ruisseau, tire sa célébrité de la
frontière qu'elle marque entre la France et l'Espagne.

Tant de cours d'eau, qui semblent indiquer un
sol suffisamment arrosé, sont cependant loin de fer-
tiliser entièrement la surface de la péninsule, dont plusieurs cantons sont condamnés à une éternelle stérilité
par une affreuse sécheresse. Le dépouillement des
montagnes, où de temps immémorial on abattit les
forêts, est la source d'un fléau, contre les progrès
duquel le gouvernement ne prit jamais la moindr
mesure raisonnable.

On remarque généralement en Espagne une disposition particulière, non-seulement des grands fleuves,
mais encore des moindres torrents, qui fait que les
uns et les autres semblent se plaire à fendre les montagnes , pour se faire jour à travers l'épaisseur de leur
masse. En cent endroits on trouve d'étroites embrasures pratiquées à travers d'imposantes cordelières , et
ces embrasures ne sont que l'effet de fractures opérées
par des cours d'eau; on en a souvent profité pour faire
passer des routes qui deviennent en pareilles circon-

stance de périlleux défilés toujours faciles à défendre. La même disposition se rencontre souvent en Asie-Mineure, contrée avec laquelle la péninsule ibérique paraît offrir beaucoup de rapports sous les points de vue de la géographie physique. Là comme ici, on dirait que le bassin de chaque ruisseau et de chaque rivière fut un lac, ou même une petite Caspienne, dont les eaux douces ou salées se sont fait jour à travers l'une des rives, pour se jeter dans un lac voisin, lequel à son tour, s'unissant de la même façon à quelqu'autre, a fini par tomber dans la mer en y parvenant d'écluses en écluses. Ailleurs, ce sont d'autres rivières qui viennent prendre leurs sources dans un bassin étranger à celui du fleuve qu'elles doivent grossir, et qui, pour parvenir dans le bassin auquel on les voit porter leur tribut, sont obligées de se faire jour par d'étroites gorges à travers des montagnes qu'on supposerait avoir dû demeurer à jamais impénétrables. C'est ainsi que le Guadaljore, par exemple, coupe à pic vers Ardalès le système bétique; que le Guadiana, au Saut-du-Loup, vers Serpa, et non loin de son embouchure, pourrait être presque franchi par un nouveau Rémus; et c'est encore ainsi que le Sil, pour rejoindre le Miño, s'échappe du val de Orès à travers la *Peña forada* (la pierre percée).

Les systèmes de montagnes dont nous avons indiqué la position, les arides plateaux élevés qui en lient les racines, les cours d'eau creusés dans le sol brisé, enfin ces défilés particuliers que nous venons de dé-

crire, ont établi de tout temps ou des obstacles ou des
moyens secrets de communication entre les divers bassins partiels dont se compose la péninsule, bassins qui
furent les causes géographiques des divisions que des
peuplades de race diverse ne tardèrent pas à tracer
à la surface de leur patrie naturelle ou violemment
conquise; divisions qui se sont à peu près perpétuées
jusqu'à ce jour, et d'où sont résultées la conservation
des variétés de caractère qu'on retrouve si tranchées
chez la nation espagnole, où le Galicien, habitant le
bassin du Miño; l'Asturien et le Cantabre citoyens du
versant boréal; le Navarrais et l'Aragonais, successeurs
des véritables Celtibériens; les habitants de l'Estramadure et les Portugais, petits-fils des Lusitaniens; l'An-
dalous enfin, qui peuple exactement l'ancienne Bétique, sont des peuples parfaitement distincts, et qui
gardent un caractère indélébile, bien différent de celui
des colons des rives de la Méditerranée; ceux-ci, de
temps immémorial renouvelés par l'arrivée perpétuelle
de tous les navigateurs de l'Orient de l'Afrique et du
nord, sont un mélange de Celtibériens, de Phéniciens,
de Juifs même, d'Égyptiens, de Grecs, de Cartha-
ginois, de Romains, de Barbares, de Normands et
d'Arabes, qui ne présente aucun rapport avec le Cas-
tillan, chez lequel se trouvent le plus de traces de ces
races godes venues du nord par rapport à l'Espagne, et
qui, sous le ciel inclément de régions centrales et fort
élevées où tout leur retraçait leur berceau septentrional, conservèrent cet esprit d'hidalgie où l'on recon-

naît encore les demi-sauvages auxquels l'Europe dut le système féodal.

De telles variétés dans les habitants d'une même contrée, néanmoins isolée du reste de l'univers par les mers ou par les monts dont elle est circonscrite; une contexture de sol si particulière; la difficulté qu'il y avait pour des conquérants à s'entendre avec tant de nations de mœurs et de sang distincts; l'absence totale de routes, dont le besoin se faisait naguère encore ressentir; la diversité des productions, des ressources et des températures qu'on observe dans la péninsule à de petites distances et d'une province à l'autre; beaucoup d'autres circonstances importantes de localité enfin, durent donc de tout temps s'unir pour imprimer à l'histoire d'Espagne une physionomie particulière, dépendante de la structure et de la nature africaine de sa surface; et, si on ajoute à ces causes la multitude des peuples accourus de points opposés du globe, et qui, la plupart de religion et d'habitudes contraires, vinrent y guerroyer, s'y établir, et se supplanter les uns les autres, on concevra qu'il doit être peu de tableaux plus mobiles et plus instructifs que celui dont traite l'ouvrage auquel nous attachons cette notice et qui ne pouvait guère se passer d'une carte supplémentaire, où sont fidèlement rendus les accidents physiques, dont l'influence fut grande sur des événements aussi rapidement qu'habilement retracés.

FIN.

IMPRIMERIE DE FIRMIN DIDOT.

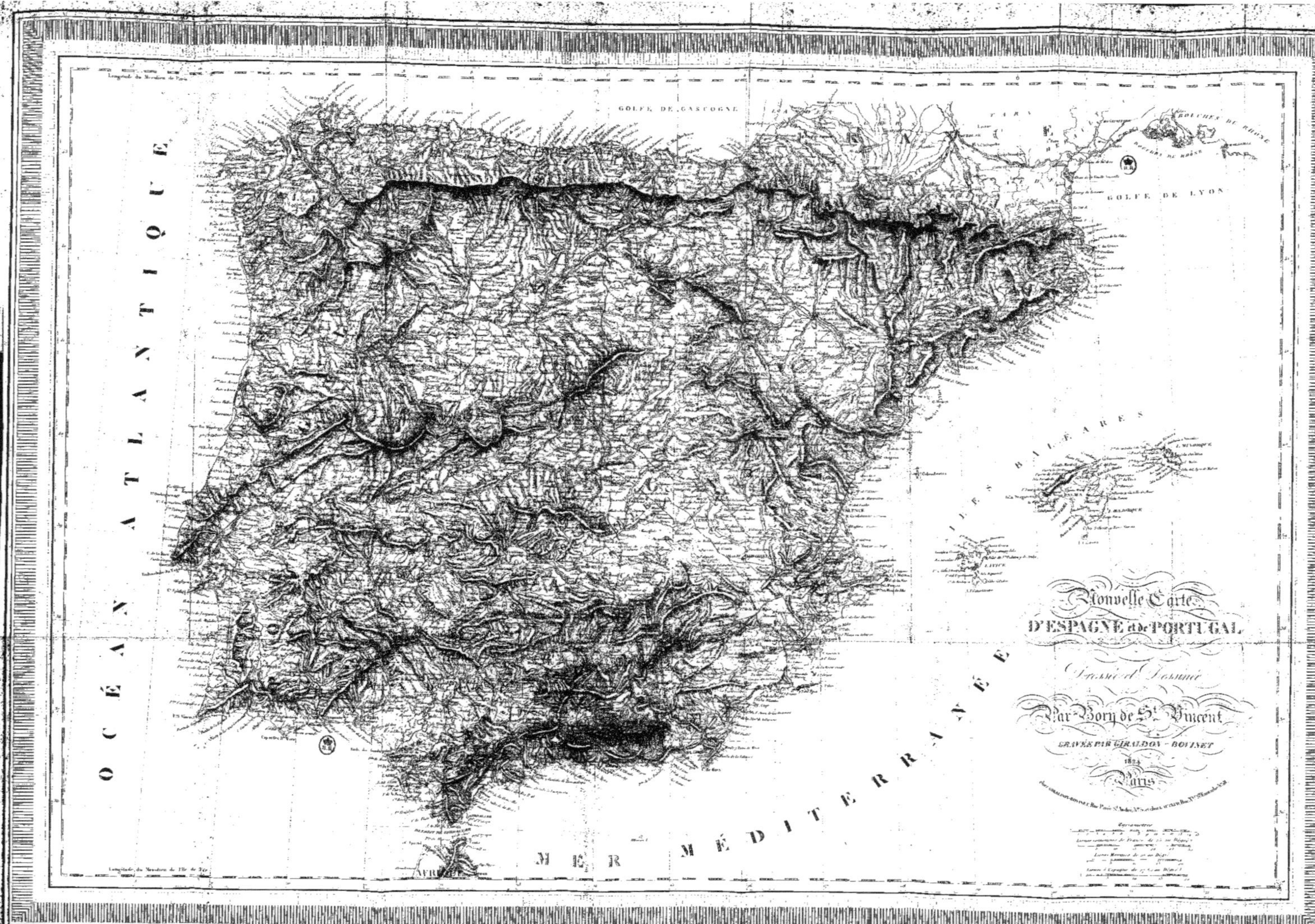

OCÉAN ATLANTIQUE
GOLFE DE GASCOGNE
GOLFE DE LYON
BOUCHES DE RHÔNE
ÎLES BALÉARES
MER MÉDITERRANÉE
Nouvelle Carte
D'ESPAGNE et de PORTUGAL
Dressée et Dessinée
Par Bory de St Vincent
GRAVÉE PAR GIRALDON - BOVINET
1824
Paris